Libritos en español e inglés para hacer y leer

Spanish-English Little Books to Make and Read

Escrito por/*By*
Jeri A. Carroll and Kathy Dunlavy

Adaptado al español por/*Adapted by*
María A. Villalobos

Ilustrado por/*Illustrated by*
Chris Chan, Veronica Terrill, and Tom Foster

Good Apple
A Division of Frank Schaffer Publications, Inc.

Editor: Susan Eddy

© Good Apple
A Division of Frank Schaffer Publications, Inc.
23740 Hawthorne Boulevard
Torrance, CA 90505-5927

ISBN 1-56417-659-2

4 5 6 7 8 9 MAL 01 00 99 98

Contenido   *Contents*

Introducción
Introduction

Los niños pequeños casi siempre al empezar a leer, leen todo aquello que les sea familiar. Muchas veces estas oportunidades se presentan en los supermercados al tener al alcance una caja de cereal o su jugo favorito. Cuando los niños empiezan a leer en la escuela, es siempre recomendable que la lectura escolar esté acompañada de todas esas cosas que ellos disfrutan. Las lecturas que aquí se ofrecen están conectadas a unidades que encontramos desde pre-kindergarten hasta el segundo grado. Todos estos libritos están basados en experiencias comunes de la infancia y en las habilidades fonéticas necesarias en los primeros años de vida.

Cada cuento viene ilustrado de manera que los niños puedan hacer libritos para llevar a casa y poder leer con sus padres. Una copia puede quedar como lectura para la clase. Seguido de la introducción y de cómo usar los libritos, hay una sección que muestra posibilidades de cómo construir portadas para los libritos.

Young children often begin to read by reading things that are familiar to them. Many times these first experiences occur at the grocery store as children "read" their favorite box of cereal or can of juice. When children begin formal schooling, it is helpful once again to tie the reading experience to things that are meaningful. The reading experiences provided in Spanish-English Little Books to Make and Read *are closely tied to units found in preschool, kindergarten, first, and second grade. All the books are based on experiences common to young children and the phonics skills typically needed in the early years.*

Each of the stories is ready for children to make into a book that can be taken home to read to their families. One copy may remain in the reading corner at school. Following the introduction and directions for using these little books with children is a section that shows other possibilities and gives instructions for construction of a variety of paper covers for these books.

Algunos libritos enseñan una materia, además de un elemento fonético, como:

Some little books may teach a subject and a phonics element.

Los mamíferos

Los mamíferos nacen de las madres.

Los mamíferos dan de mamar a sus hijos.

Los mamíferos están cubiertos de pelo o piel.

Los mamíferos son de diferentes tamaños.

Los humanos son mamíferos.

Dibuja otros mamíferos.

Sílabas abiertas con *h* = humanos

Mammals

Mammals give birth to their babies.

Mammals feed their babies milk.

Mammals have hair or fur.

Mammals are different sizes.

Humans are mammals.

Draw some other mammals.

Open syllables with h = *humans*

Algunos libritos simplemente describen algo, además de un elemento fonético, como:

Mis quehaceres

Tiendo mi cama.

Friego los platos.

Le doy de comer a mi mascota.

Reciclo los periódicos.

Recojo mis juguetes.

Dibuja otras tareas que puedas hacer.

Elemento fonético *j* = juguetes

Some little books may describe something and teach a phonics element.

Chores

I make my bed.

I wash my dishes.

I feed my pet.

I recycle the newspaper.

I put my toys away.

Draw some other chores that you may do.

Phonics element j = juguetes

Algunos libritos muestran lugares distintos, además de un elemento fonético, como:

¿Dónde vives?

Tú puedes vivir en un apartamento.

Tú puedes vivir en una casa.

Tú puedes vivir en una casa rodante.

Tú puedes vivir en una casa en el campo.

Tú puedes vivir en un rancho.

Dibuja tu casa.

Elemento fonético *t* = tú

Some little books may describe places and teach a phonics element.

Where Do You Live?

Do you live in a apartment?

Do you live in a brick house?

Do you live in a mobile home?

Do you live in a farmhouse?

Do you live on a ranch?

Draw your house.

Phonics element t = tú

Cómo usar los libritos
How to Use the Books

Estos libritos han sido creados para suplementar la lección o la unidad de estudio. Ellos no han sido creados para usarse como único material de estudio. No se deben presentar como el único componente de la lección.

Los libritos deben de ser presentados a los niños a medida que los tópicos de estudios salgan a relucir. Simple y claramente demuestre a los niños cada paso a seguir, antes de que ellos empiecen a construir sus libritos. Pasos a seguir con explicaciones y dibujos se muestran en las páginas siguientes. Coloque los mismos en el área donde los alumnos trabajen en la preparación de los libritos.

Introduce the books to children once a topic has been presented. Children should each receive a copy of the two pages from this book that make up their eight-page personal take-home book. Clearly demonstrate to children each step involved in making and using the book before they begin work on their own. Rebus charts using words and pictures are provided on pages 12–13. Posting these in the area where children make their books will help them remember how to proceed.

These books are meant to supplement a unit of study. They are not meant to be used as isolated reading material for children, nor should they be cut out and presented as the sole component of a lesson.

Presentación de los libritos • *Present the Book*

Antes de presentar los libritos y el proceso de construir los mismos a los niños, muéstreles una copia de las dos páginas, además de un librito ya terminado. Explique a los niños que estos libritos son algo que ellos pueden preparar para luego llevar a casa y mostrar a sus padres lo que han aprendido. Para los niños en pre-kindergarten y kindergarten se debe escoger un librito de solamente una actividad. Primero y segundo grado pueden hacer igual, o escoger un librito como guía para hacer uno ellos mismos.

Before you present the books and book-making process to children, show them a copy of the two pages from this book and a completed book. Explain to children that the little book is something they can make and take home to show their families what they have learned and how they can "read." For children in preschool and kindergarten, you may choose to have the activity be one choice at the writing center. First and second graders may do the same thing or use the book as a guide to make one of their own.

Leer el cuento • *Read the Story*

Lea el cuento a los niños. Invítelos a que compartan sus propias experiencias parecidas a las del cuento. Lea el cuento otra vez e invite a un voluntario a leerlo en voz alta. Si no hay ninguno, lea usted el cuento una vez más.

Read the story to children and invite them to share experiences similar to those in the story. Reread the story and then invite a volunteer to read it aloud. If no one volunteers, read it once more yourself.

Colorear los dibujos • *Color the Pictures*

Demuestre a los niños que ellos pueden colorear los dibujos al mismo tiempo que leen las palabras en cada página. Esto ayuda a que los niños se interesen en leer al dibujar. Solamente es necesario que usted coloree y dibuje unas cuantas páginas, demasiados ejemplos pueden hacer perder el interés de los alumnos.

Demonstrate the fact that children may color the pictures by reading the words on one page as you color it. This encourages children to read as they color as well. Don't bother to demonstrate with each page—it will take far too long and cause many children to lose interest.

Recortar las páginas • *Cut Out the Pages*

Con tijeras desafiladas, demuestre a los niños cómo recortar las páginas por las rayas enteras.

Using blunt scissors, show children how to cut the pages along the solid lines.

Poner las páginas en orden • *Put the Pages in Order*

Demuestre a los niños cómo poner las páginas en orden. Habrá una variedad de maneras que los alumnos descubran. Algunos lo harán correctamente, otros no. Demuéstreles cómo pueden solucionar el problema y llegar a su cometido.

Show children how their pages might be put in order. They will devise a variety of ways to accomplish this. Some will lay them down in the proper order, others will place page 1 on the bottom and end up with the order reversed. Encourage these children to figure out what they have done wrong and how they might solve the problem.

Engrapar las páginas • *Staple the Pages*

Demuestre a los niños cómo engrapar las páginas. Ellos mismos pueden hacerlo en el lado izquierdo de la primera página. Hay una marca en la página donde ellos pueden engrapar. La marca es solamente para mostrar en qué lado de la página se debe engrapar.

Demonstrate to children how to straighten the pages and staple them together. Children should be allowed to staple their books themselves on the left-hand side of the title page. There is a small staple mark to show children on which side to place the staple.

Leer el cuento • *Read the Story*

Lea el cuento otra vez, una vez que hayan terminado el librito. A medida que los niños terminen sus libritos, invítelos a que ellos lean los cuentos a un compañero, a un amigo, o a usted. Anime a los niños a que lean los cuentos una y otra vez.

Read the story again once the book is complete. When children complete their own books, invite them to read to themselves, a partner, a friend, or to you. Encourage children to read the book again and again.

Construir la portada • *Make a Cover*

Cuando los niños hayan terminado de ensamblar los libritos, facilite los materiales para crear una portada. En las páginas siguientes presentamos algunos ejemplos.

When children have finished assembling their books, provide materials and suggest that they make covers. A variety of suggestions are found on the following pages.

Participación de los padres • *Involve Parents*

La última página de cada librito anima a los niños a llevar sus libritos a casa y leerlos a sus padres. Los niños pueden marcar en la línea correspondiente, si han leído el librito ellos mismos, o si han leído el librito a papá o a mamá.

The last page of each little book encourages children to take their books home and read to their parents. A place is provided for them to check off when they have read the book to themselves and when they have read it to their mom or dad.

Otras maneras de usar los libritos
Other Ways to Use These Books

Hay muchas otras maneras de utilizar estos libritos en el salón de clase. Los niños pueden disfrutar en crear y leer los libritos sin tener que llevarlos a casa cada vez.

Teachers have found many other ways to use the little books in their classrooms. Children can have fun making and reading the books even without taking one home each time.

Libros grandes • *Big Books*

Corte cada página y agrándela. Invite a un grupo de niños a colorear cada página. El grupo puede construir el libro grande y colocarlo en el área de lectura. Los niños pueden firmar sus nombres en la primera página.

Cut out and enlarge each page. Invite a group of children to color one page each. The group may construct the big book and place it in the reading area. You may wish to have the group sign their names on the title page.

Actividades a escoger • *Self-Selected Activities*

Usted puede colocar páginas sueltas y sin recortar en una carpeta. Los niños que tengan tiempo suficiente pueden escoger un librito con las actividades que les guste.

You may wish to place uncut little book pages into folders. Students with extra time may choose a book to make and read based on their own interests.

Libritos preparados por el maestro • *Teacher-Made Books*

Si usted concluye que sus niños no están listos para construir y leer sus propios libritos, les puede preparar y leer uno construido por usted. Durante o después de una unidad puede preparar y leer un librito a sus niños, coloque el librito en la pequeña biblioteca de la clase para que los niños lo lean entre ellos.

If you feel your students are not ready to make and read their own books, you may wish to make one for them. During or after a unit, make one of the little books, read it to your students, and place in the library corner for children to read to each other.

Libritos con más cantidad de páginas • *Longer Books*

Usted puede alentar a los niños a que incluyan otras ideas en algunos de los libritos y así alargar la cantidad de páginas. Como ejemplo, podemos utilizar el librito de "Yo soy así". Los niños pueden agregar otras ideas acerca de lo que les gusta, o de qué forma son diferentes a sus compañeros.

You may wish to challenge students to lengthen their books. For example, after you have discussed the "About Me" book, provide children with extra pages and encourage them to tell more about themselves—what they like to do, or how are they different from their classmates.

Tarjetas pictográficas • *Picture-Word Cards*

Use las páginas de los libritos que tengan solamente una palabra por página, como tarjetas pictográficas. Puede colorearlas, recortarlas, hacer láminas, montarlas y colocarlas todas en una argolla, o en el tablero de anuncios.

Use the pages of little books having only one word per page as picture-word cards. Pages may be colored, cut out, mounted, laminated, and hooked together on a key ring or placed on a bulletin board.

Tablero de anuncios • *Bulletin Board*

Decore un tablero de anuncios para acompañar cada unidad usando los dibujos de los libritos. Como ejemplo, puede utilizar los dibujos del librito *El planeta Tierra*. Este haría un bonito marco para el tablero de anuncios.

Decorate a bulletin board to accompany each unit by using the pictures from the little books. For example, the pictures from the book entitled "The Earth" may be used to make a decorative bulletin board border.

Pasos a seguir
Rebus Charts

Los pasos a seguir en las páginas siguientes ayudarán a los niños a recordar cómo construir los libritos. Coloree y recorte en láminas los pasos a seguir. Colóquelos donde los niños los puedan ver siempre. Recuerde demostrar cada paso y explicar a los niños cómo el seguir los mismos los puede ayudar a completar los libritos.

The rebus charts on the following pages will help children remember the steps to follow as they construct their little books. Color and laminate the charts. Post them at your students' eye level. Remember to demonstrate each step and explain to children how the rebus charts will help them.

1. Reúne los materiales.
Gather the materials.

2. Lee el cuento.
Read the story.

3. Colorea los dibujos.
Color the pictures.

4. Recorta las páginas.
Cut out the pages.

5. Coloca las páginas en orden.
Put the pages in order.

6. Engrapa las páginas.
Staple the pages.

7. Lee el cuento.
Read the story.

8. Crea la portada.
Make a cover.

Portadas de los libritos
Book Covers

CREAR LAS PORTADAS • *CREATING THE COVERS*

Los niños pueden crear portadas para sus libritos. Diferentes temas pueden dar idea a diferentes tipos de portadas. Aquí mostramos algunas ideas de portadas. Una vez que los niños creen algunas portadas, invítelos a que hagan diseños originales.

Children may wish to make covers for their books. Different topics often suggest different types of covers. Here are some cover ideas to get you started. Once children have constructed several varieties of covers, invite them to create original designs.

Portada simple • *Folder Cover*

Doble un pedazo de papel grueso, de 6" x 9" (15 cm 22.5 cm) a la mitad.

Fold a 6" x 9" (15 cm x 22.5 cm) sheet of construction paper in half.

Portada en tercera dimensión • *Pop-Up Cover*

Muestre a los niños cómo usar cintas de papel plegadas en forma de acordeón. Esto le da la sensación de tercera dimensión a la portada.

Show children how to use strips of accordion-pleated paper to add three-dimensionality to their covers.

Platos de cartón • *Paper Plates*

Alise dos platos de cartón. Coloque el librito entre los dos platos, engrape o ate con una cinta.

Flatten two paper plates. Place the book between the plates and staple or tie.

Portadas de revistas • *Magazine Covers*

Recorte pedazos de portadas de revistas, lo suficientemente pequeños como para que se puedan colocar en los libritos. Engrape y escriba el título. Lo mismo puede hacerse con periódicos.

Cut pieces from magazine covers to fit the little books. Staple books and write the titles in marker.

DISEÑOS DE LAS PORTADAS • *DESIGNING THE COVERS*

Ya tenemos las portadas y los títulos en los libritos, ahora puede invitar a los niños a que continúen en la decoración de las portadas.

Once covers are on the books and titles have been added, you may wish to invite children to further decorate their covers.

Collage • *Collage*

Provea una serie de objetos pequeños, como botones, lentejuelas y pedazos de tapetes de mesa para que los niños los usen en un collage en la portada.

Provide a variety of small materials, such as buttons, sequins, and doily scraps, for children to use in a cover collage.

Dibujos • *Drawing*

Invite a los niños a que dibujen una escena del librito en la portada del mismo.

Invite children to draw a scene from the story in their little book on the cover.

Pintura • *Painting*

Con pintura de tempera y acuarela se puede ilustrar una portada.

Tempera or watercolor paints may also be used to make a cover illustration.

Creyones • *Crayon Resist*

Usen creyones para ilustrar los títulos y las portadas. Después pídales que dibujen toda la portada con pintura de tempera. La cera del creyón resiste la pintura.

Use crayon for both the title and an illustration. Invite students to paint over the entire cover using tempera paints. The waxy crayon will resist the paint.

Pegamento de brillo, arena o etiquetas engomadas • *Glitter Glue, Sand, or Stickers*

Diferentes texturas se pueden agregar para ilustrar las portadas. Sin embargo, algunos niños pueden desear usar solamente las etiquetas engomadas.

Texture may be added to cover illustrations if desired by carefully applying glue to selected portions. Some children may feel more comfortable using stickers rather than doing their own illustrations.

ENMARCAR LAS PORTADAS • *FRAMING THE COVERS*

Cuando las portadas hayan sido decoradas a la satisfacción de los niños, pueden entonces enmarcar las portadas. Demuéstreles el proceso de enmarcar usando cualquiera de los artículos siguientes. Recórtelos al tamaño apropiado cuando sea necesario.

When covers have been decorated to students' satisfaction, they may also be framed using a variety of materials. Demonstrate the framing process for children using any of the following items, precut to the appropriate size when necessary.

- **Pedazos de rompecabezas** • *Puzzle Pieces*

- **Caracoles** • *Shells*

- **Macarrones** • *Macaroni*

- **Recortes de periódicos** • *Newspaper Strips*

- **Recortes de revistas** • *Magazine Strips*

- **Etiquetas engomadas** • *Stickers*

- **Cintas de encaje** • *Lace*

- **Fotos** • *Photographs*

- **Cintas magnéticas** • *Magnetic Strips*

- **Bordes de tableros de anuncios** • *Bulletin Board Border*

- **Papel engomado** • *Self-Adhesive Paper*

Las aves

Birds

Las aves construyen nidos.

The birds build a nest.

2

La mamá ave pone huevos en el nido y les da calor.

The mother bird lays eggs in the nest and keeps them warm.

3

El ave bebé rompe el cascarón con el pico.

The baby birds peck their way out of the eggs.

4

El papá y la mamá le traen
comida a los pequeños.

The father and mother birds
feed the babies.

5

Los pequeños aprenden
a volar.

The baby birds learn to fly.

6

Al año siguiente los pequeños
pondrán sus propios huevos.

Next year the baby birds will
have babies of their own.

7

❑ Yo puedo leer mi librito.
❑ Yo le puedo leer mi librito
   a mi mamá.
❑ Yo le puedo leer mi librito
   a mi papá.

❑ I can read my book.
❑ I read my book to Mom.
❑ I read my book to Dad.

8

18

¡Qué árboles!

Terrific Trees

Tenemos libros porque hay árboles.

Trees give us books.

2

El papel se saca del árbol.

Trees give us paper.

3

La madera se saca de los árboles.

Trees give us furniture.

4

Los árboles nos dan sombra.

Trees give us shade.

5

Los árboles nos
dan comida.

Trees give us food.

6

¡Por favor, cuidemos
los árboles!

Please, please save the trees!

7

❏ Yo puedo leer mi librito.
❏ Yo le puedo leer mi librito
a mi mamá.
❏ Yo le puedo leer mi librito
a mi papá.

❏ I can read my book.
❏ I read my book to Mom.
❏ I read my book to Dad.

8

Mis abuelos

My Grandparents Book

_____

(Nombre de tus abuelos)

This book is dedicated to

_____

(Name of your grandparents)

2

Estos son mis abuelos.

These are my grandparents.

3

A mis abuelos les gusta

_____

My grandparents like to

_____

4

Yo quiero a mis
abuelos porque

_____

I love my grandparents
because

_____

5

Mis abuelos viven en

_____

My grandparents live in

_____

6

Esto es lo que me gusta
hacer con mis abuelos.

This is what I like to do with
my grandparents.

7

❏ Yo puedo leer mi librito.
❏ Yo le puedo leer mi librito
   a mi mamá.
❏ Yo le puedo leer mi librito
   a mi papá.

❏ I can read my book.
❏ I read my book to Mom.
❏ I read my book to Dad.

8

El circo

The Circus

¡Mira cómo el perrito sube
la escalera!

See the little dog climb
the ladder.

2

¡Mira qué payaso
más cómico!

Look at the clown.
He is so funny.

3

¡Mira cómo la muchacha
con la sombrilla camina por
la cuerda floja!

Look! The pretty lady with
the umbrella is walking
the tightrope.

4

¡Mira cómo el tigre pasa por
el aro lleno de fuego!

Look over there!
The tiger is jumping through
a hoop of fire.

5

¡Mira cómo el acróbata se
mueve en el trapecio!

Look up there! See the
acrobat on the flying trapeze.

6

¡Mira los niños montando
el elefante!

Look! Boys and girls are
riding on the elephant.
May I ride, too?

7

❏ Yo puedo leer mi librito.
❏ Yo le puedo leer mi librito
    a mi mamá.
❏ Yo le puedo leer mi librito
    a mi papá.

❏ I can read my book.
❏ I read my book to Mom.
❏ I read my book to Dad.

8

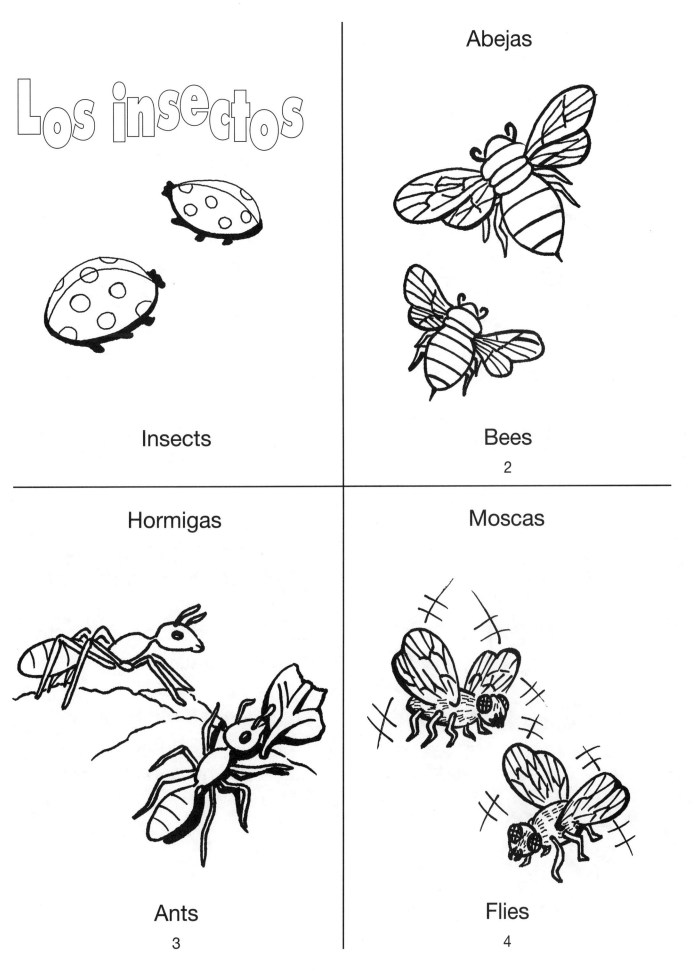

Los insectos

Insects

Abejas

Bees

2

Hormigas

Ants

3

Moscas

Flies

4

Mariquitas

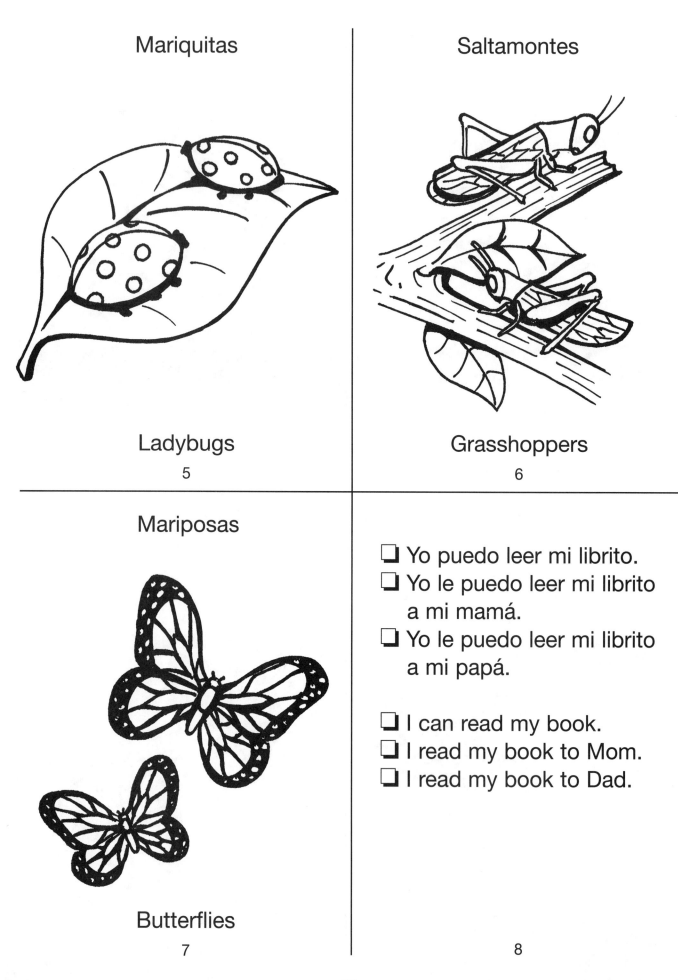

Ladybugs

5

Saltamontes

Grasshoppers

6

Mariposas

Butterflies

7

❏ Yo puedo leer mi librito.
❏ Yo le puedo leer mi librito
   a mi mamá.
❏ Yo le puedo leer mi librito
   a mi papá.

❏ I can read my book.
❏ I read my book to Mom.
❏ I read my book to Dad.

8

26

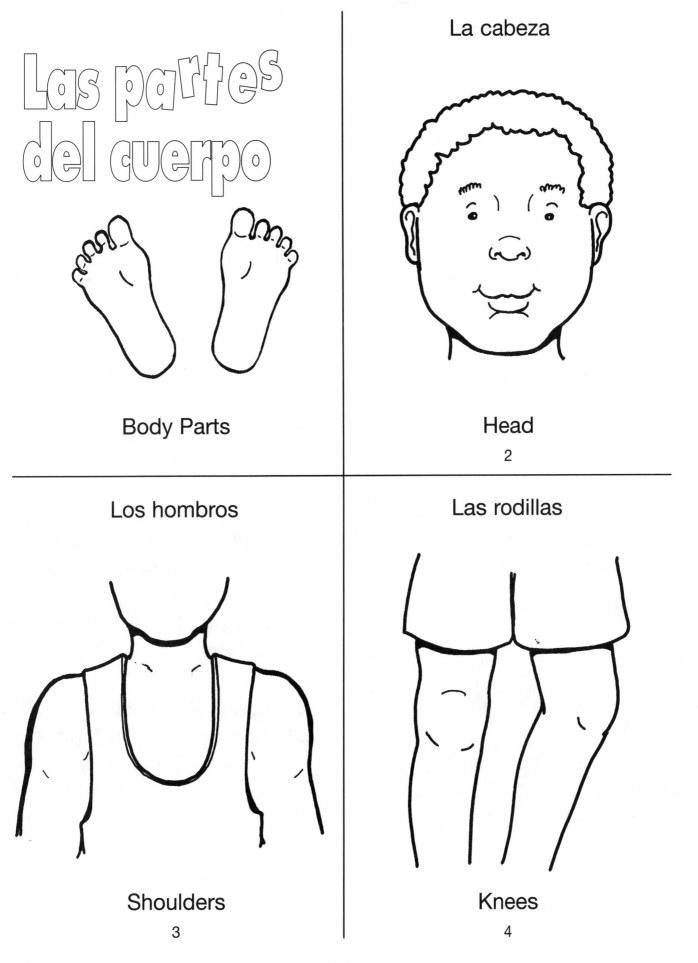

Las partes del cuerpo

Body Parts

La cabeza

Head

2

Los hombros

Shoulders

3

Las rodillas

Knees

4

Los dedos del pie

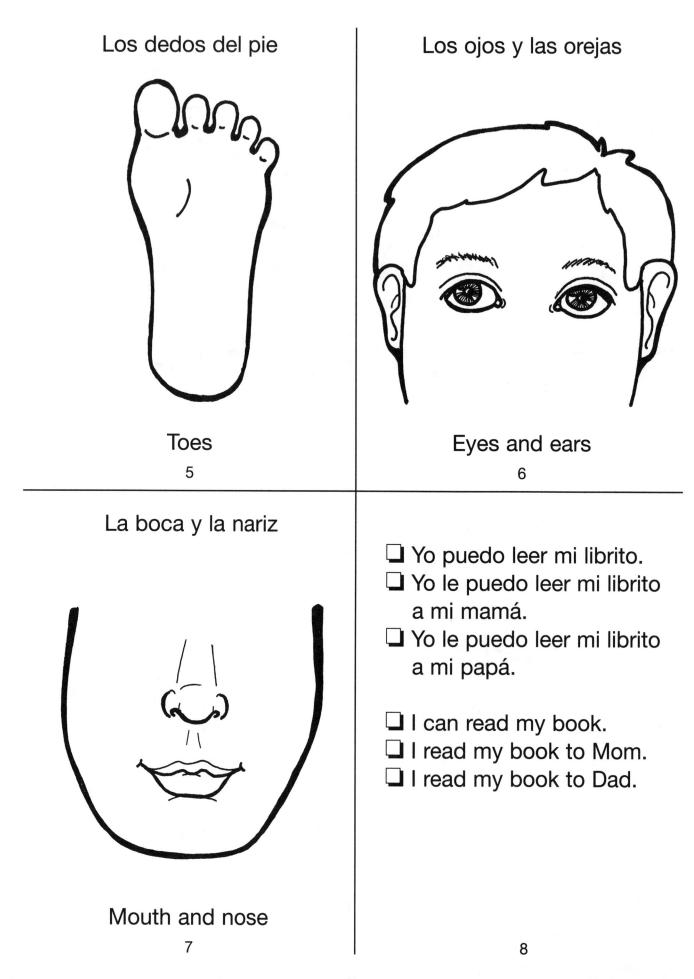

Toes

5

Los ojos y las orejas

Eyes and ears

6

La boca y la nariz

Mouth and nose

7

❏ Yo puedo leer mi librito.
❏ Yo le puedo leer mi librito
   a mi mamá.
❏ Yo le puedo leer mi librito
   a mi papá.

❏ I can read my book.
❏ I read my book to Mom.
❏ I read my book to Dad.

8

¡Qué útil es el agua!

Wonderful Water

El agua se usa para el baño.

Wonderful water for taking a bath.

2

El agua se usa para cepillarse los dientes.

Wonderful water for brushing our teeth.

3

El agua se usa para lavar.

Wonderful water for washing our clothes.

4

El agua se usa para fregar.

Wonderful water for washing
our dishes.

5

El agua se usa para regar las
plantas.

Wonderful water for watering
our plants.

6

El agua se usa para tomar.

And wonderful water for a
fresh, cool drink.

7

❑ Yo puedo leer mi librito.
❑ Yo le puedo leer mi librito
a mi mamá.
❑ Yo le puedo leer mi librito
a mi papá.

❑ I can read my book.
❑ I read my book to Mom.
❑ I read my book to Dad.

8

Mi escuela

My School

Ésta es mi escuela.

This is my school.

2

Ésta es mi maestra.

This is my teacher.

3

Éste es mi pupitre.

This is my desk.

4

Éstos son mis amigos.

These are my friends.

5

Dibuja lo que más te gusta
hacer en la escuela.

This is my favorite thing.

6

Así es como me siento
en la escuela.

This is how I feel at school.

7

❏ Yo puedo leer mi librito.
❏ Yo le puedo leer mi librito
   a mi mamá.
❏ Yo le puedo leer mi librito
   a mi papá.

❏ I can read my book.
❏ I read my book to Mom.
❏ I read my book to Dad.

8

Mi mamá

Mi mamá me quiere.

My Mom

My mom loves me.

2

Mi mamá cocina.

Mi mamá trabaja.

My mom cooks.

3

My mom works.

4

Mi mamá me acuesta.

My mom tucks me in.

5

Mi mamá me ayuda a vestirme.

My mom dresses me.

6

Mi mamá me da muchos besos.

My mom kisses me.

7

❑ Yo puedo leer mi librito.
❑ Yo le puedo leer mi librito a mi mamá.
❑ Yo le puedo leer mi librito a mi papá.

❑ I can read my book.
❑ I read my book to Mom.
❑ I read my book to Dad.

8

El día de Acción de Gracias

Thanksgiving

En el año 1620 los primeros colonizadores llegaron a América, en un barco llamado el *Mayflower.*

In 1620 the Pilgrims came to America on a ship named the *Mayflower*.

2

Ellos construyeron casas y cercas de árboles.

They built houses and fences from trees.

3

Ellos se dedicaron a la pesca, la siembra y la caza.

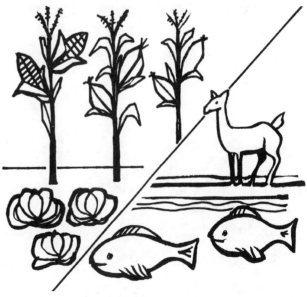

They planted gardens, hunted wild animals and caught fish.

4

Ellos se hicieron amigos de los indios. Los indios les enseñaron a sembrar maíz.

They made friends with the Indians. The Indians taught the Pilgrims how to plant corn.

5

Los colonizadores estaban agradecidos por sus buenos amigos, sus nuevos hogares y la suficiente comida. Invitaron a los indios a una cena.

The Pilgrims were thankful for good friends, plenty of food, and new homes. They had a dinner to celebrate and invited the Indians.

6

Cada año en noviembre celebramos con una cena de acción de gracias. Damos gracias por lo que tenemos.

Every year in November we have a Thanksgiving dinner with turkey. We give thanks for our blessings, too.

7

❑ Yo puedo leer mi librito.
❑ Yo le puedo leer mi librito a mi mamá.
❑ Yo le puedo leer mi librito a mi papá.

❑ I can read my book.
❑ I read my book to Mom.
❑ I read my book to Dad.

8

¿Dónde vives?

Where Do You Live?

Tú puedes vivir en un apartamento.

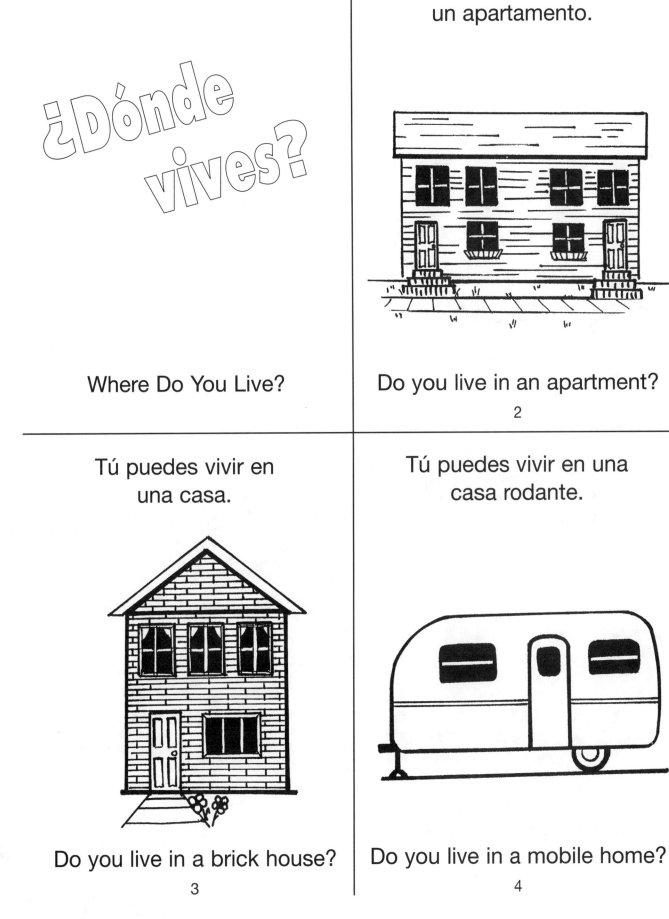

Do you live in an apartment?

2

Tú puedes vivir en una casa.

Do you live in a brick house?

3

Tú puedes vivir en una casa rodante.

Do you live in a mobile home?

4

Tú puedes vivir en una
casa en el campo.

Tú puedes vivir en
un rancho.

Do you live in a farmhouse?

5

Do you live on a ranch?

6

¿Dónde vives?
Dibuja tu casa.

❑ Yo puedo leer mi librito.
❑ Yo le puedo leer mi librito
a mi mamá.
❑ Yo le puedo leer mi librito
a mi papá.

❑ I can read my book.
❑ I read my book to Mom.
❑ I read my book to Dad.

Where do you live?
Draw a picture.

7

8

Un nido

A Nest

Mamá ave necesita un nido.

Mother bird needs a nest.

2

Ella recoge pedazos de hierba.

She will find grass.

3

Ella recoge fango.

She will find mud.

4

Mamá ave recoge ramitas.

Mother bird gets twigs.

5

Ella también recoge
pedazos de cordel.

She will get some string, too.

6

¡Qué nido más lindo para
sus pequeños!

She will build a nest for
her eggs.

7

❏ Yo puedo leer mi librito.
❏ Yo le puedo leer mi librito
a mi mamá.
❏ Yo le puedo leer mi librito
a mi papá.

❏ I can read my book.
❏ I read my book to Mom.
❏ I read my book to Dad.

8

40

Amphibians

Los anfibios pueden vivir
adentro y fuera del agua.

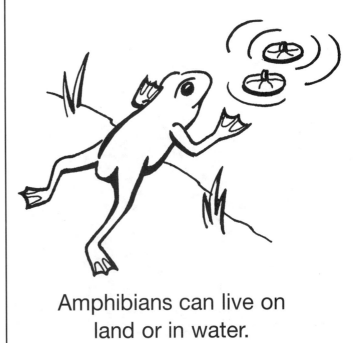

Amphibians can live on
land or in water.

2

Las ranas y los sapos
son anfibios.

Frogs and toads are
amphibians.

3

Ellos ponen sus huevos
en el agua.

They lay their eggs in water.

4

En unos cuantos días, renacuajos crecen en los huevos.

In a few days, a tadpole grows inside each egg.

5

A los renacuajos les crecen patitas y pulmones. Ellos saltan a la orilla.

Tadpoles grow legs and lungs. They hop to land.

6

Los anfibios comen todo tipo de insectos y gusanos.

Amphibians eat all kinds of insects and worms.

7

❑ Yo puedo leer mi librito.
❑ Yo le puedo leer mi librito a mi mamá.
❑ Yo le puedo leer mi librito a mi papá.

❑ I can read my book.
❑ I read my book to Mom.
❑ I read my book to Dad.

8

Mi papá

	Mi papá me quiere.

My Dad

My dad loves me.

2

Mi papá cocina.

Mi papá trabaja.

My dad cooks.

3

My dad works.

4

Mi papá me acuesta.

My dad tucks me in.

5

Mi papá me ayuda a vestir.

My dad dresses me.

6

Mi papá me da muchos besos.

My dad kisses me.

7

- ❏ Yo puedo leer mi librito.
- ❏ Yo le puedo leer mi librito a mi mamá.
- ❏ Yo le puedo leer mi librito a mi papá.

- ❏ I can read my book.
- ❏ I read my book to Mom.
- ❏ I read my book to Dad.

8

Lee, lee, lee

Read, Read, Read

Lee un libro.

Read a book.

2

Lee una revista.

Read a magazine.

3

Lee las señales de seguridad.

PARE

Read the safety signs.

4

Lee la caja de cereal.

Read the cereal box.

5

Lee el periódico.

Read the newspaper.

6

Lee el menú.

Read the menu.

7

❑ Yo puedo leer mi librito.
❑ Yo le puedo leer mi librito
   a mi mamá.
❑ Yo le puedo leer mi librito
   a mi papá.

❑ I can read my book.
❑ I read my book to Mom.
❑ I read my book to Dad.

8

46

¡Ya llegó la Navidad!

Christmas Is Coming!

Vamos a decorar el arbolito.

Decorate the Christmas tree.

2

Vamos a envolver
los regalos.

Wrap presents.

3

Vamos a mandar
las postales.

¡FELICES FIESTAS!

Send cards.

4

Vamos a hornear
las galletitas.

Vamos a colgar una
guirnalda en la puerta.

Bake cookies.

5

Hang a wreath on the door.

6

Vamos a cantar villancicos.

❏ Yo puedo leer mi librito.
❏ Yo le puedo leer mi librito
a mi mamá.
❏ Yo le puedo leer mi librito
a mi papá.

❏ I can read my book.
❏ I read my book to Mom.
❏ I read my book to Dad.

Sing carols.

7

8

Huellas en la nieve.

Tracks in the Snow.

Veo huellas de perro
en la nieve.

I see dog tracks in the snow.

2

Veo huellas de gato
en la nieve.

I see cat tracks in the snow.

3

Veo huellas humanas
en la nieve.

I see people tracks
in the snow.

4

Veo huellas de aves
en la nieve.

I see bird tracks in the snow.

5

Veo huellas de conejo
en la nieve.

I see rabbit tracks
in the snow.

6

Veo huellas de ardilla
en la nieve.

I see squirrel tracks
in the snow.

7

❏ Yo puedo leer mi librito.
❏ Yo le puedo leer mi librito
   a mi mamá.
❏ Yo le puedo leer mi librito
   a mi papá.

❏ I can read my book.
❏ I read my book to Mom.
❏ I read my book to Dad.

8

50

La lluvia

Rain

La lluvia cae sobre todas las cosas.

Rain falls all around, pitter-patter, pitter-patter.

2

La lluvia cae sobre la calle y los carros.

Rain falls on the street.

3

La lluvia cae sobre los árboles.

Rain falls on the trees.

4

La lluvia cae sobre mi casa.

Rain falls on my house.

5

La lluvia cae sobre
mi sombrilla.

Rain falls on my umbrella.

6

La lluvia cae y forma charcos.

Rain falls all round,
pitter-patter, pitter-patter.

7

❑ Yo puedo leer mi librito.
❑ Yo le puedo leer mi librito
a mi mamá.
❑ Yo le puedo leer mi librito
a mi papá.

❑ I can read my book.
❑ I read my book to Mom.
❑ I read my book to Dad.

8

Los buenos modales

My Good Manners

Yo digo "por favor" cuando pido algo.

Por favor

I say "please" when I ask for something.

2

Yo digo "gracias" cuando alguien me da algo.

Gracias

I say "thank you" when someone gives me something.

3

Yo nunca hablo con la boca llena.

I never talk with my mouth full.

4

Yo ayudo a limpiar.

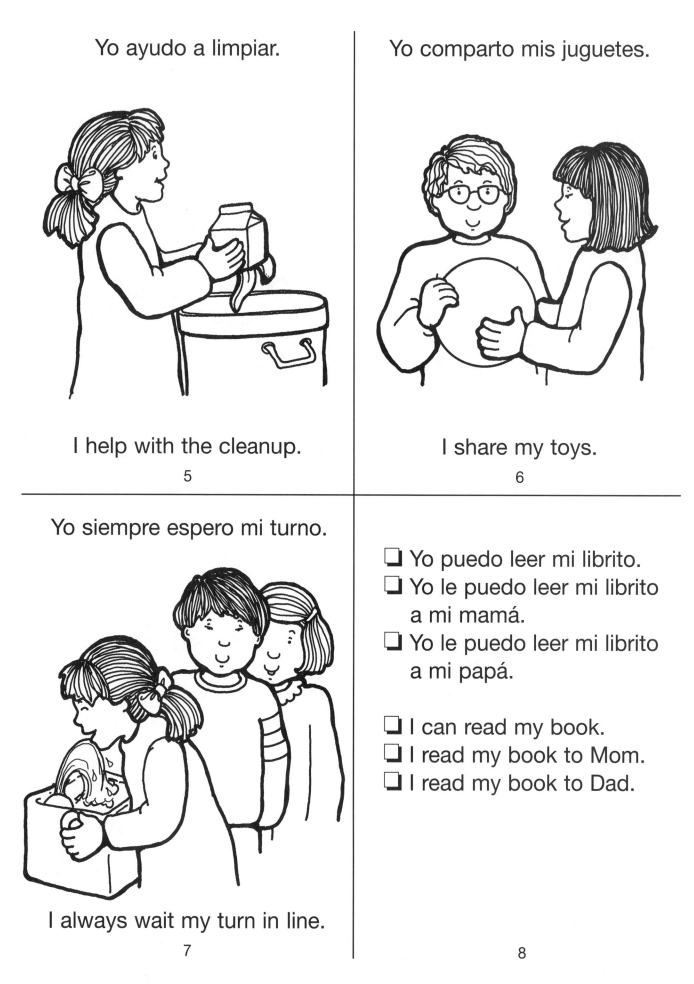

I help with the cleanup.

5

Yo comparto mis juguetes.

I share my toys.

6

Yo siempre espero mi turno.

I always wait my turn in line.

7

❏ Yo puedo leer mi librito.
❏ Yo le puedo leer mi librito
a mi mamá.
❏ Yo le puedo leer mi librito
a mi papá.

❏ I can read my book.
❏ I read my book to Mom.
❏ I read my book to Dad.

8

Efectos eléctricos

We Use Electricity

La televisión

The TV

2

La plancha

The iron

3

La tostadora

The toaster

4

La estufa

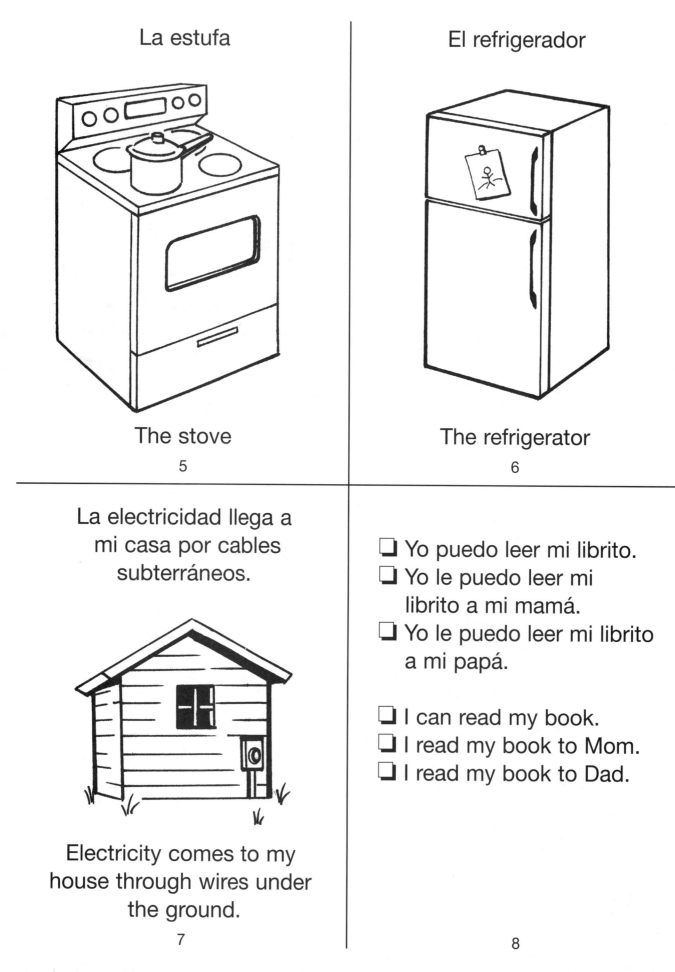

The stove

5

El refrigerador

The refrigerator

6

La electricidad llega a mi casa por cables subterráneos.

Electricity comes to my house through wires under the ground.

7

❏ Yo puedo leer mi librito.
❏ Yo le puedo leer mi librito a mi mamá.
❏ Yo le puedo leer mi librito a mi papá.

❏ I can read my book.
❏ I read my book to Mom.
❏ I read my book to Dad.

8

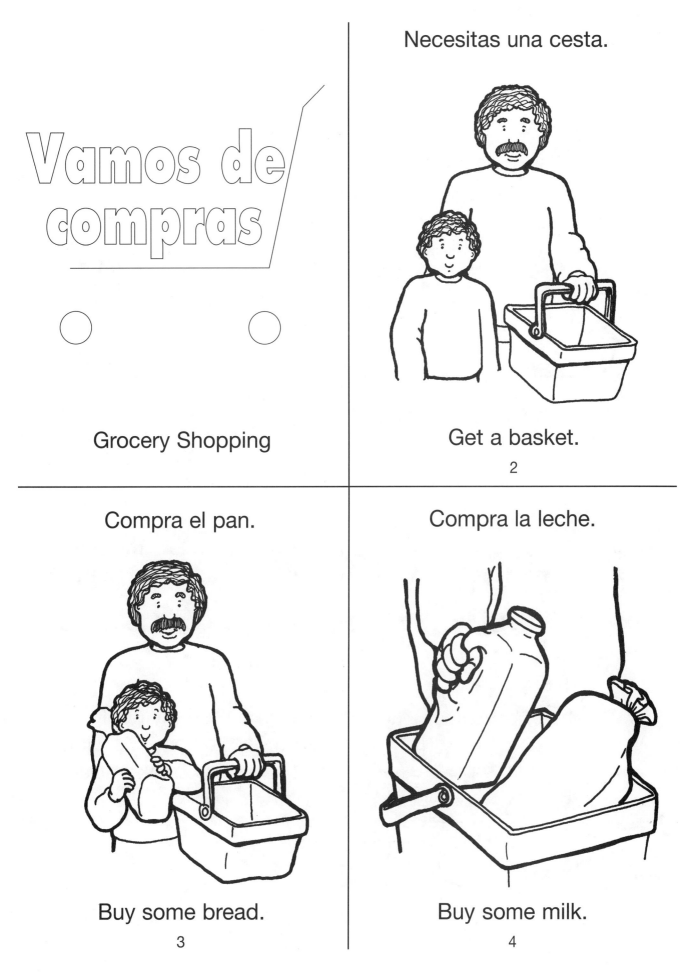

Vamos de compras

Grocery Shopping

Necesitas una cesta.

Get a basket.

2

Compra el pan.

Buy some bread.

3

Compra la leche.

Buy some milk.

4

Compra las manzanas.

Buy some apples.

5

Paga tus compras.

Pay the cashier.

6

Usa una bolsa.

Bag the groceries.

7

❏ Yo puedo leer mi librito.
❏ Yo le puedo leer mi librito
   a mi mamá.
❏ Yo le puedo leer mi librito
   a mi papá.

❏ I can read my book.
❏ I read my book to Mom.
❏ I read my book to Dad.

8

Los reptiles

Reptiles

La mayoría de los reptiles nacen de huevos.

Most reptiles hatch from eggs.

2

Los reptiles tienen la piel seca y escamosa.

Reptiles have dry, scaly skin.

3

Algunos viven en la tierra y otros en el agua.

Some reptiles live on land and some live in water.

4

Algunos comen carne.

Some reptiles eat meat.

5

Ellos respiran aire.

Reptiles breathe air.

6

La tortuga, la serpiente y el
cocodrilo son reptiles.
¿Conoces otros?

A turtle, snake, and crocodile
are reptiles. Can you
think of others?

7

❏ Yo puedo leer mi librito.
❏ Yo le puedo leer mi librito
a mi mamá.
❏ Yo le puedo leer mi librito
a mi papá.

❏ I can read my book.
❏ I read my book to Mom.
❏ I read my book to Dad.

8

¡Abrígate!

Bundle Up!

Ponte el sombrero.

Put on your hat.

2

Cierra tu abrigo.

Zip up your coat.

3

¡Qué frío!

It's cold outside!

4

Está nevando.
El viento sopla.

The snow is falling.
The wind is blowing.

5

Ponte las botas y
los mitones.

Put on your boots
and mittens.

6

¡Abrígate y te sentirás bien!

All bundled up. Here we go!

7

❏ Yo puedo leer mi librito.
❏ Yo le puedo leer mi librito
a mi mamá.
❏ Yo le puedo leer mi librito
a mi papá.

❏ I can read my book.
❏ I read my book to Mom.
❏ I read my book to Dad.

8

Las fotos

Photographs

Ésta es una foto mía.

This is me.

2

Ésta es una foto de mi familia.

Here is my family.

3

Ésta es una foto de mi casa.

Here is my house.

4

Ésta es una foto de
mi mascota.

My family has these pets.

5

Esta foto es del pasatiempo
favorito de mi familia.

My family likes to do this.

6

Esta foto es de mis amigos.

These are our friends.

7

❑ Yo puedo leer mi librito.
❑ Yo le puedo leer mi librito
a mi mamá.
❑ Yo le puedo leer mi librito
a mi papá.

❑ I can read my book.
❑ I read my book to Mom.
❑ I read my book to Dad.

8

Mi cumpleaños

My Birthday

Hoy celebro mi cumpleaños. Cumplo _____ años de edad.

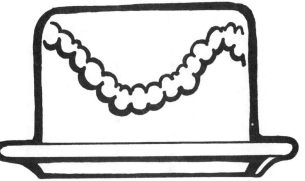

Today is my birthday. I am _____ years old.

2

Mis amigos van a celebrar conmigo.

FELIZ CUMPLEAÑOS

My friends will come to my house for a party.

3

Vamos a celebrar con juegos divertidos.

We will play games.

4

Abriré mis regalos.

I will open some presents.

5

Vamos a celebrar con
torta y helado.

We will eat cake
and ice cream.

6

Mis amigos y yo vamos a
cantar feliz cumpleaños.

All my friends will sing
"Happy Birthday."

7

❏ Yo puedo leer mi librito.
❏ Yo le puedo leer mi librito
a mi mamá.
❏ Yo le puedo leer mi librito
a mi papá.

❏ I can read my book.
❏ I read my book to Mom.
❏ I read my book to Dad.

8

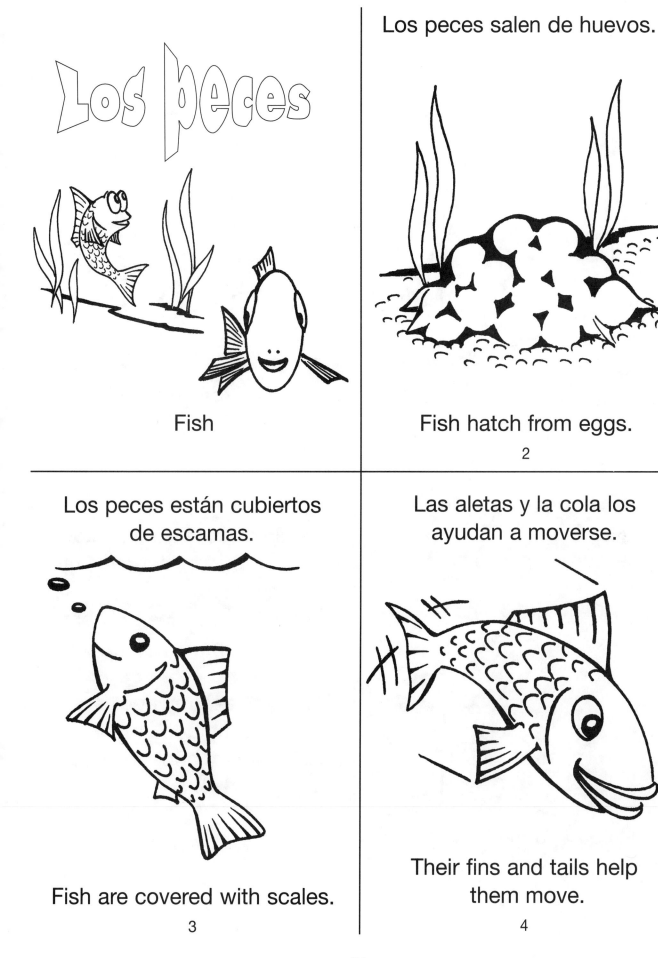

Los peces

Fish

Los peces salen de huevos.

Fish hatch from eggs.

2

Los peces están cubiertos de escamas.

Fish are covered with scales.

3

Las aletas y la cola los ayudan a moverse.

Their fins and tails help them move.

4

Los peces comen insectos,
gusanos y plantas.

Fish eat bugs, worms,
and plants.

5

Los peces respiran por
las agallas.

Fish breathe through
their gills.

6

¿Nunca has visto un pez
saltar fuera del agua para
coger un insecto?

Have you ever seen a fish
jump out of the water to
catch an insect?

7

❏ Yo puedo leer mi librito.
❏ Yo le puedo leer mi librito
a mi mamá.
❏ Yo le puedo leer mi librito
a mi papá.

❏ I can read my book.
❏ I read my book to Mom.
❏ I read my book to Dad.

8

Las meriendas saludables

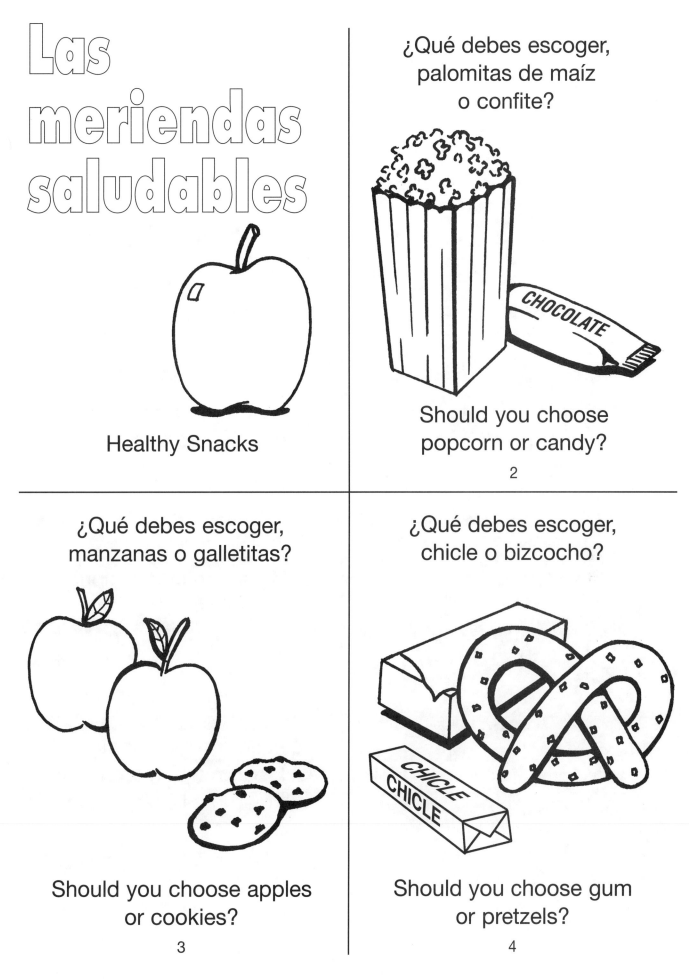

Healthy Snacks

¿Qué debes escoger, palomitas de maíz o confite?

CHOCOLATE

Should you choose popcorn or candy?

2

¿Qué debes escoger, manzanas o galletitas?

Should you choose apples or cookies?

3

¿Qué debes escoger, chicle o bizcocho?

CHICLE
CHICLE

Should you choose gum or pretzels?

4

¿Qué debes escoger, leche o soda?

¿Qué debes escoger, queso y galletitas, o torta?

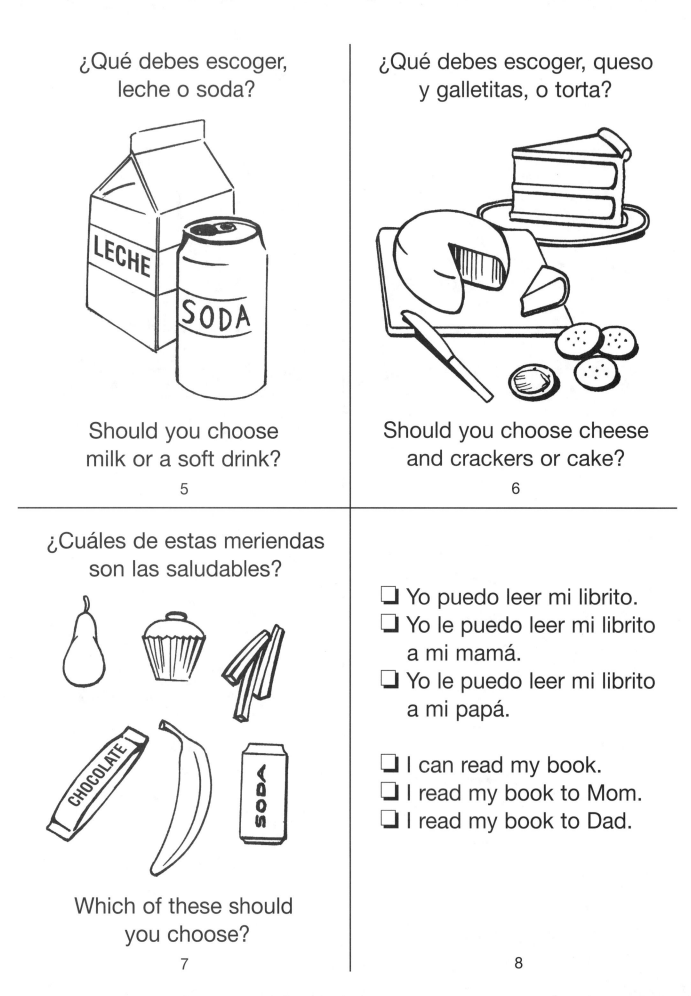

Should you choose milk or a soft drink?

5

Should you choose cheese and crackers or cake?

6

¿Cuáles de estas meriendas son las saludables?

CHOCOLATE

SODA

Which of these should you choose?

7

❏ Yo puedo leer mi librito.
❏ Yo le puedo leer mi librito a mi mamá.
❏ Yo le puedo leer mi librito a mi papá.

❏ I can read my book.
❏ I read my book to Mom.
❏ I read my book to Dad.

8

Seguridad

Safety

PARE

Stop

2

PASE

Walk

3

NO PASE

Don't Walk

4

Cruce de ferrocarril

Railroad
5

Teléfono

Telephone
6

Cruce de estudiantes

School Crossing
7

❏ Yo puedo leer mi librito.
❏ Yo le puedo leer mi librito a mi mamá.
❏ Yo le puedo leer mi librito a mi papá.

❏ I can read my book.
❏ I read my book to Mom.
❏ I read my book to Dad.

8

Los vegetales

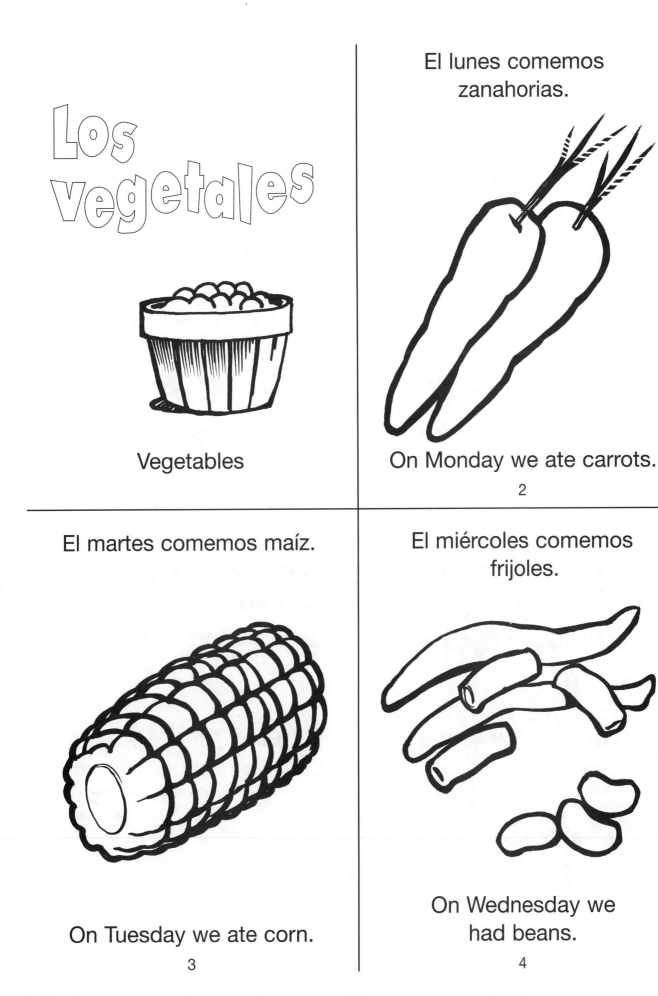

Vegetables

El lunes comemos zanahorias.

On Monday we ate carrots.

2

El martes comemos maíz.

On Tuesday we ate corn.

3

El miércoles comemos frijoles.

On Wednesday we had beans.

4

El jueves comemos guisantes.

On Thursday we had peas.

5

El viernes le dije a mamá, "¡por favor!"

On Friday I said, "Mother, please!"

6

¡Estoy llena de vegetales de la cabeza a los pies!

"I'm full of veggies from head to knees!"

7

❏ Yo puedo leer mi librito.
❏ Yo le puedo leer mi librito a mi mamá.
❏ Yo le puedo leer mi librito a mi papá.

❏ I can read my book.
❏ I read my book to Mom.
❏ I read my book to Dad.

8

Las estaciones del año

Seasons

Primavera
Spring

Es cálida y lluviosa.
It is warm and rainy.

2

Verano
Summer

Es caliente.
It is hot.

3

Otoño
Fall

Es fresco.
It is cool.

4

Invierno
Winter

Es frío y nevado.
It is cold and snowy.

5

Estas son mis ropas
de verano.

These are my summer
clothes.

6

Estas son mis ropas de
invierno.

These are my winter clothes.

7

❑ Yo puedo leer mi librito.
❑ Yo le puedo leer mi librito
a mi mamá.
❑ Yo le puedo leer mi librito
a mi papá.

❑ I can read my book.
❑ I read my book to Mom.
❑ I read my book to Dad.

8

Una visita al doctor

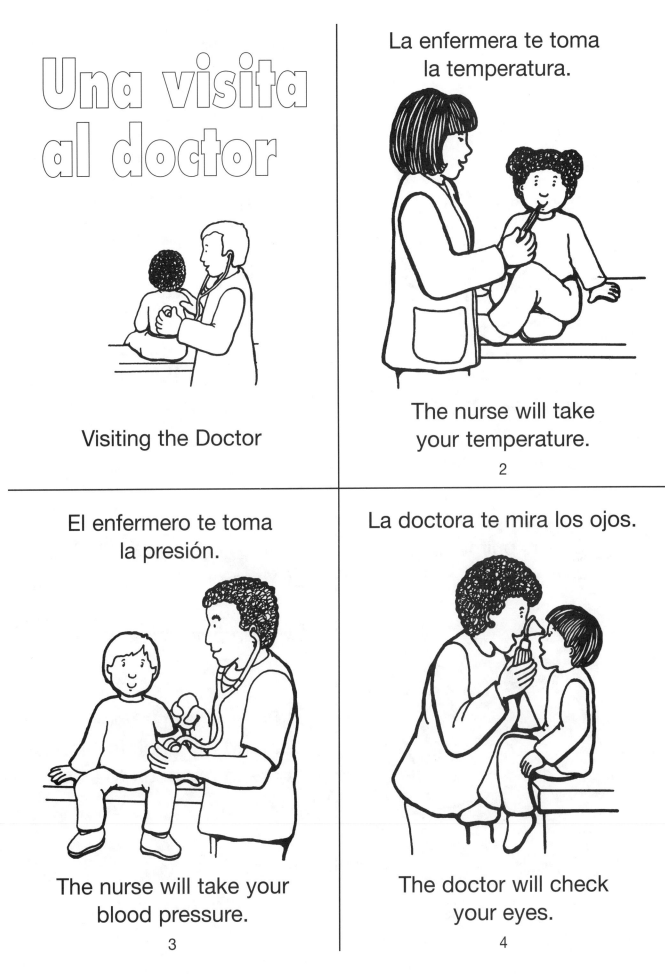

Visiting the Doctor

La enfermera te toma
la temperatura.

The nurse will take
your temperature.

2

El enfermero te toma
la presión.

The nurse will take your
blood pressure.

3

La doctora te mira los ojos.

The doctor will check
your eyes.

4

El doctor te mira los oídos.

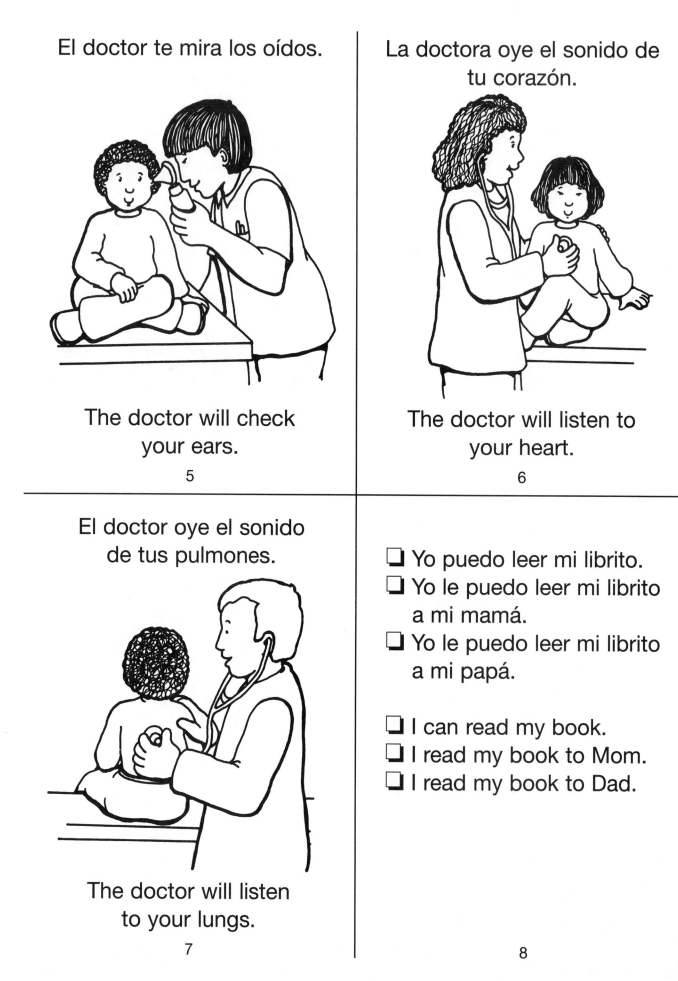

The doctor will check
your ears.

5

La doctora oye el sonido de
tu corazón.

The doctor will listen to
your heart.

6

El doctor oye el sonido
de tus pulmones.

The doctor will listen
to your lungs.

7

❏ Yo puedo leer mi librito.
❏ Yo le puedo leer mi librito
a mi mamá.
❏ Yo le puedo leer mi librito
a mi papá.

❏ I can read my book.
❏ I read my book to Mom.
❏ I read my book to Dad.

8

Bajo el Sol

Fun in the Sun

Bajo el sol hace mucho calor. ¡Vamos a la playa!

It is a hot day!
Let's go to the beach.

2

Voy a nadar.

We can swim like fish.

3

Voy a brincar con las olas.

We can jump over the waves.

4

Bajo el sol puedo flotar.

I can float on my back.

5

Bajo el sol recojo caracoles.

We can pick up shells.

6

Bajo el sol construyo un
castillo de arena.

We can build a sand castle.

7

❑ Yo puedo leer mi librito.
❑ Yo le puedo leer mi librito
a mi mamá.
❑ Yo le puedo leer mi librito
a mi papá.

❑ I can read my book.
❑ I read my book to Mom.
❑ I read my book to Dad.

8

Muestra lo que traes

Show and Tell

Ñico: Traje estos caracoles cuando fui a la Florida.

Andy: I got these shells when my family went to Florida.

2

José: Éste es mi libro favorito.

CABALLOS

Jack: This is my favorite book. It is about horses.

3

Magaly: Éste es mi osito favorito.

Katy: My aunt gave me this teddy bear. I sleep with it every night.

4

María: Ésta es mi muñeca favorita.

Jill: This doll is special. Her eyes open and close.

5

Roberto: Ésta es mi pelota favorita.

Chris: I got this soccer ball for my birthday.

6

Ana: Éste es mi sombrero favorito.

Beth: I made this funny hat from things that I found around the house.

7

❏ Yo puedo leer mi librito.
❏ Yo le puedo leer mi librito a mi mamá.
❏ Yo le puedo leer mi librito a mi papá.

❏ I can read my book.
❏ I read my book to Mom.
❏ I read my book to Dad.

8

El planeta Tierra

The Earth

La Tierra es un planeta.

The earth is a planet.

2

La Tierra tiene forma
de esfera.

The earth is shaped like
a sphere.

3

La Tierra da vueltas
alrededor del sol.

The earth revolves around
the sun.

4

La Tierra tiene una luna.

The earth has one moon.

5

La Tierra tiene siete conti-
nentes: Europa, Asia, África,
América del Norte, América
del Sur, Australia y Antártica.

The earth has seven
continents: Europe, Asia,
Africa, North America, South
America, Australia, and
Antarctica.

6

Tres cuartos de la Tierra
están cubiertos de agua.

Three-quarters of the earth is
covered with water.

7

❏ Yo puedo leer mi librito.
❏ Yo le puedo leer mi librito
  a mi mamá.
❏ Yo le puedo leer mi librito
  a mi papá.

❏ I can read my book.
❏ I read my book to Mom.
❏ I read my book to Dad.

8

Los mamíferos

Mammals

Los mamíferos nacen de las madres.

Mammals give birth to their babies.

2

Los mamíferos dan de mamar a sus hijos.

Mammals feed their babies milk.

3

Los mamíferos están cubiertos de pelo o piel.

Mammals have hair or fur.

4

Los mamíferos son de diferentes tamaños.

Mammals are different sizes.

5

Los humanos son mamíferos.

Humans are mammals.

6

¿Conoces otros mamíferos?

Can you think of other mammals?

7

❑ Yo puedo leer mi librito.
❑ Yo le puedo leer mi librito a mi mamá.
❑ Yo le puedo leer mi librito a mi papá.

❑ I can read my book.
❑ I read my book to Mom.
❑ I read my book to Dad.

8

Un cuento de dinosaurios

Dinosaur Story

Los dinosaurios vivieron hace mucho tiempo.

Dinosaurs lived long, long ago.

2

Los dinosaurios comían plantas.

Some dinosaurs ate plants.

3

Algunos de ellos comían carne.

Some dinosaurs ate meat.

4

El apatosauro era un dinosaurio muy grande.

An apatosaurus was a very big dinosaur.

5

El tiranosauro rex era el rey de los dinosaurios.

Tyrannosaurus rex was the king of the dinosaurs.

6

Hemos aprendido sobre los dinosaurios a través de los fósiles que se han descubierto.

We know about dinosaurs from the fossils we have found.

7

❑ Yo puedo leer mi librito.
❑ Yo le puedo leer mi librito a mi mamá.
❑ Yo le puedo leer mi librito a mi papá.

❑ I can read my book.
❑ I read my book to Mom.
❑ I read my book to Dad.

8

Tu cuerpo

Your Body

Tu esqueleto es el marco de tu cuerpo.

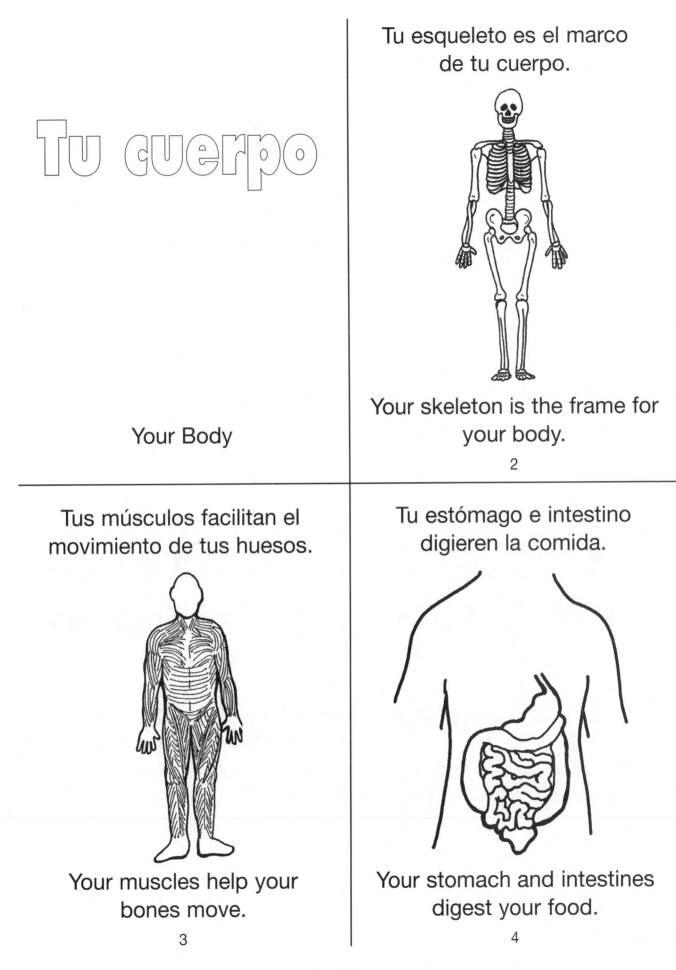

Your skeleton is the frame for your body.

2

Tus músculos facilitan el movimiento de tus huesos.

Your muscles help your bones move.

3

Tu estómago e intestino digieren la comida.

Your stomach and intestines digest your food.

4

Tu corazón bombea la
sangre a todas partes de
tu cuerpo.

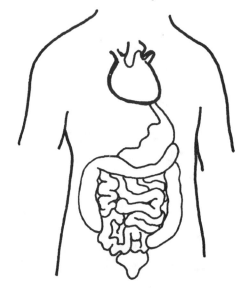

Your heart pumps blood to
every part of your body.

5

Tus pulmones llevan el
oxígeno por todo tu cuerpo.

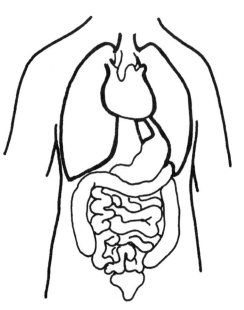

Your lungs bring oxygen into
your body.

6

Tu cerebro le dice a tu cuerpo
lo que tiene que hacer.

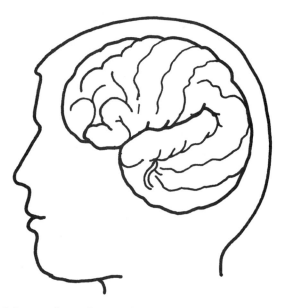

Your brain takes in messages
and tells your body what to do.

7

❏ Yo puedo leer mi librito.
❏ Yo le puedo leer mi librito
a mi mamá.
❏ Yo le puedo leer mi librito
a mi papá.

❏ I can read my book.
❏ I read my book to Mom.
❏ I read my book to Dad.

8

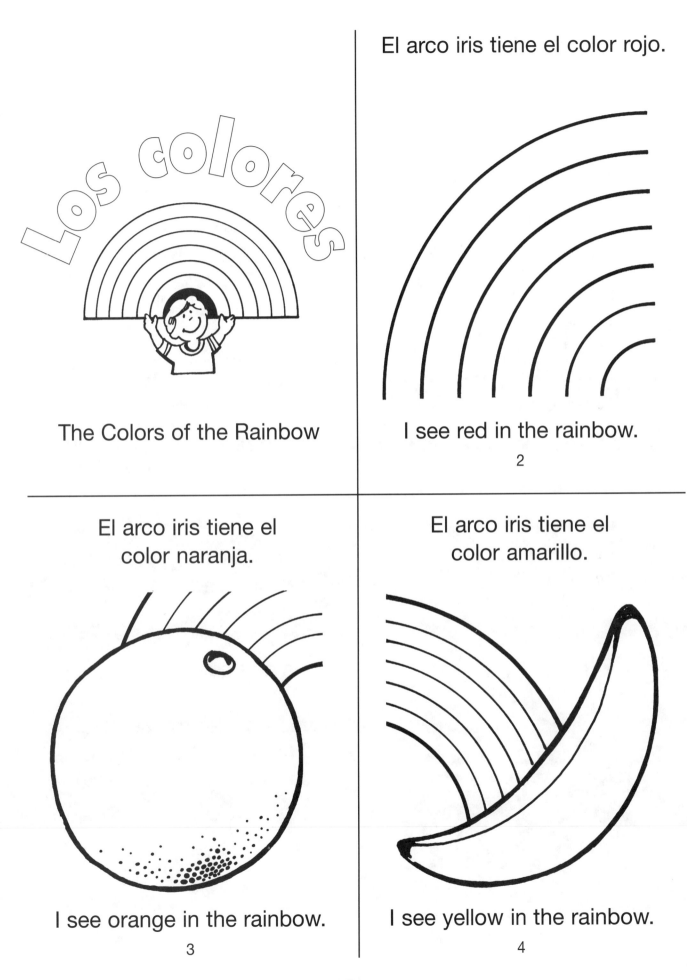

Los colores

The Colors of the Rainbow

El arco iris tiene el color rojo.

I see red in the rainbow.

2

El arco iris tiene el
color naranja.

I see orange in the rainbow.

3

El arco iris tiene el
color amarillo.

I see yellow in the rainbow.

4

El arco iris tiene el color verde.

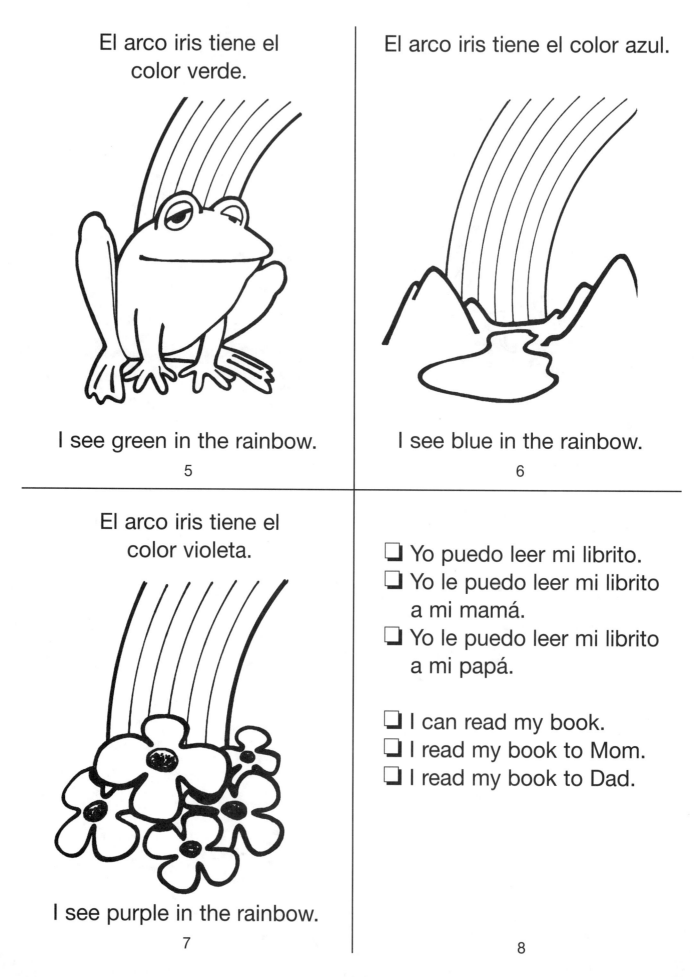

I see green in the rainbow.

5

El arco iris tiene el color azul.

I see blue in the rainbow.

6

El arco iris tiene el color violeta.

I see purple in the rainbow.

7

❏ Yo puedo leer mi librito.
❏ Yo le puedo leer mi librito a mi mamá.
❏ Yo le puedo leer mi librito a mi papá.

❏ I can read my book.
❏ I read my book to Mom.
❏ I read my book to Dad.

8

Mis quehaceres

Chores

Tiendo mi cama.

I make my bed.

2

Friego los platos.

I wash my dishes.

3

Le doy de comer a mi mascota.

I feed my pet.

4

Reciclo los periódicos.

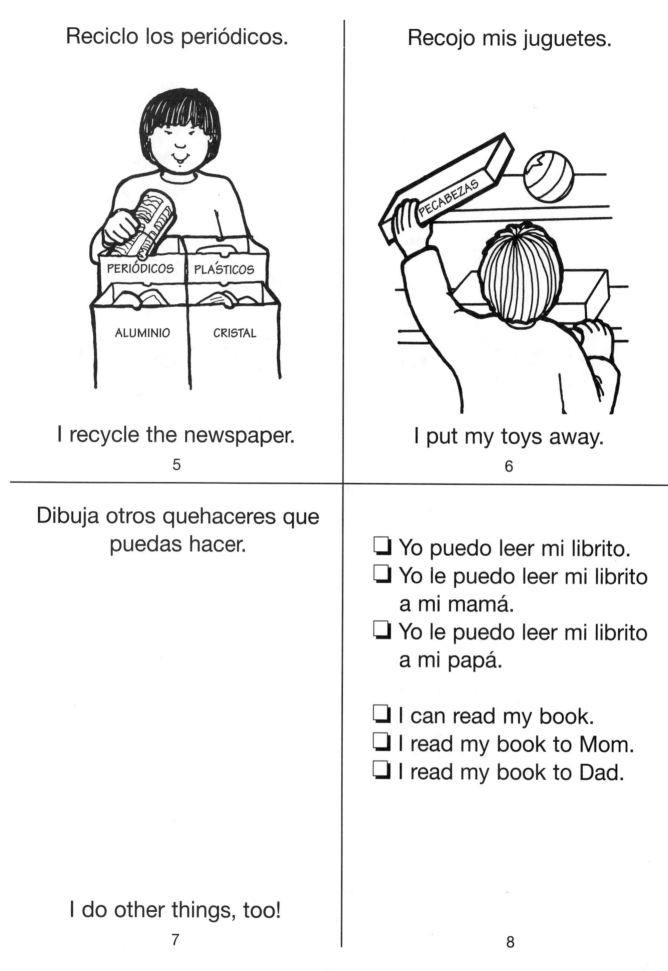

I recycle the newspaper.

5

Recojo mis juguetes.

I put my toys away.

6

Dibuja otros quehaceres que puedas hacer.

I do other things, too!

7

❑ Yo puedo leer mi librito.
❑ Yo le puedo leer mi librito a mi mamá.
❑ Yo le puedo leer mi librito a mi papá.

❑ I can read my book.
❑ I read my book to Mom.
❑ I read my book to Dad.

8

Mi casa

My Home

Mi casa tiene una sala.

My home has a living room.

2

Mi casa tiene una cocina.

My home has a kitchen.

3

Mi casa tiene un dormitorio.

My home has a bedroom.

4

Mi casa tiene un baño.

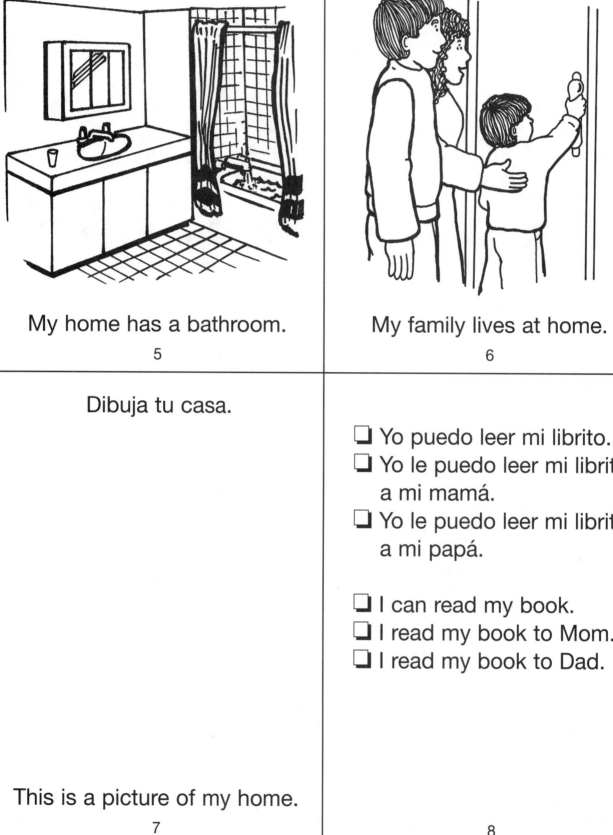

My home has a bathroom.

5

Mi familia vive en mi casa.

My family lives at home.

6

Dibuja tu casa.

This is a picture of my home.

7

❏ Yo puedo leer mi librito.
❏ Yo le puedo leer mi librito a mi mamá.
❏ Yo le puedo leer mi librito a mi papá.

❏ I can read my book.
❏ I read my book to Mom.
❏ I read my book to Dad.

8

Xiomara se hace una radiografía

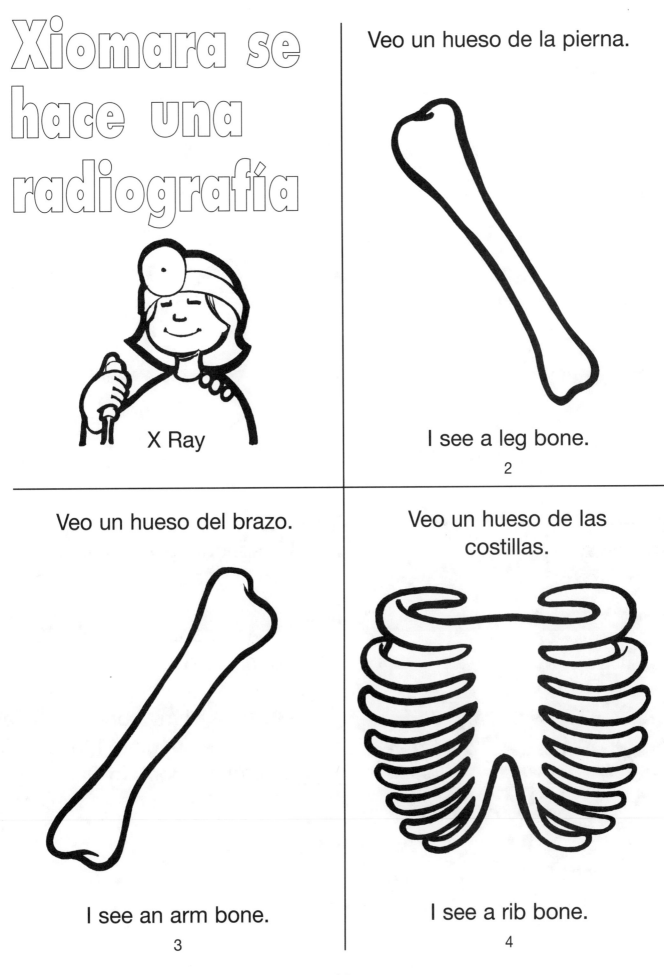

X Ray

Veo un hueso de la pierna.

I see a leg bone.

2

Veo un hueso del brazo.

I see an arm bone.

3

Veo un hueso de las costillas.

I see a rib bone.

4

Éste es un hueso de
la cadera.

Here is a hipbone.

5

¿Qué hueso es este?

Is that a foot bone?

6

¡Este hueso es para mi perro!

No! It is a dog bone!

7

❏ Yo puedo leer mi librito.
❏ Yo le puedo leer mi librito
   a mi mamá.
❏ Yo le puedo leer mi librito
   a mi papá.

❏ I can read my book.
❏ I read my book to Mom.
❏ I read my book to Dad.

8

Wilfredo hace una pizza

Making a Pizza

Da golpes a la masa de la pizza.

Pat the dough in the pizza pan.

2

Con una cuchara riega la salsa por encima de la masa.

Spoon the sauce over the dough.

3

Añádele carne o chorizo.

Add the beef or pepperoni.

4

Añádele el queso.

Add the cheese.

5

Sacude el polvo mágico.

Sprinkle fairy dust on top.

6

Pon la pizza a hornear.

Bake the pizza in the oven.

7

❏ Yo puedo leer mi librito.
❏ Yo le puedo leer mi librito
a mi mamá.
❏ Yo le puedo leer mi librito
a mi papá.

❏ I can read my book.
❏ I read my book to Mom.
❏ I read my book to Dad.

8

Yo soy así

About Me

Yo me llamo

_____.

Karen   **Kiko**

Katie

Ana   **Iñaki**

Kevin

My name is

_____.

2

Yo tengo _____ años.

I am _____ years old.

3

Mi dirección es

_____.

My address is

_____.

4

Mi número de teléfono es

_____.

My telephone number is

_____.

5

Mi pelo es _____.

My hair is _____.

Mis ojos son _____.

My eyes are _____.

6

Yo mido _____
pulgadas de alto.

I am _____ inches tall.

Yo peso _____ libras.

I weigh _____ pounds.

7

❏ Yo puedo leer mi librito.
❏ Yo le puedo leer mi librito
   a mi mamá.
❏ Yo le puedo leer mi librito
   a mi papá.

❏ I can read my book.
❏ I read my book to Mom.
❏ I read my book to Dad.

8

La víspera de Todos los Santos

Halloween

Linternas de calabazas.

Jack-o'-lanterns big
and yellow.

2

Las brujas se visten
de negro.

Witches all in black.

3

Los esqueletos corren por
las calles.

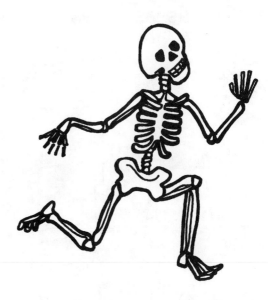

Skeletons run down
the street.

4

103

Ellos son de puro hueso.

With bones in front and back.

5

Todos los niños llevan bolsas
para guardar sus caramelos.

TRUCO
O
GOLOSINAS

It's Halloween. It's Halloween.
We all hold out a sack.

6

Todos los niños se disfrazan,
y van pidiendo golosinas por
todas las casas.

Trick or treat! Trick or treat!
Give us something good
to eat.

7

❏ Yo puedo leer mi librito.
❏ Yo le puedo leer mi librito
a mi mamá.
❏ Yo le puedo leer mi librito
a mi papá.

❏ I can read my book.
❏ I read my book to Mom.
❏ I read my book to Dad.

8

Mis cosas favoritas

My Favorite Things

Me gusta subirme a los árboles.

I like to climb trees.

2

Me gusta montar bicicleta.

I like to ride bikes.

3

Me gusta jugar a solas.

I like to play with toys.

4

Me gusta comer
hamburguesas.

I like to eat hamburgers.

5

Me gusta leer cuentos.

I like to read stories.

6

¿Qué te gusta hacer a ti?

What do you like to do?

7

❏ Yo puedo leer mi librito.
❏ Yo le puedo leer mi librito
a mi mamá.
❏ Yo le puedo leer mi librito
a mi papá.

❏ I can read my book.
❏ I read my book to Mom.
❏ I read my book to Dad.

8

Hora de acostarse

Time for Bed

Estoy acostado y no me puedo dormir.

I'm lying in bed and I can't go to sleep.

2

Me pongo a contar ovejas.

So I'll think about hillsides and start counting sheep.

3

1, 2, 3, ovejas.

1, 2, 3 sheep by a tree.

4

4, 5, 6, ovejas.

4, 5, 6 trip over sticks.

5

7, 8, 9, ovejas.

7, 8, 9 nibble on a vine.

6

10, 11, más ... Ronca,
ronca, ronca.

10, 11, more. Snore,
snore, snore.

7

❑ Yo puedo leer mi librito.
❑ Yo le puedo leer mi librito
a mi mamá.
❑ Yo le puedo leer mi librito
a mi papá.

❑ I can read my book.
❑ I read my book to Mom.
❑ I read my book to Dad.

8

Yo sé escribir

I Can Write

Yo puedo escribir
mi nombre.

Ana

I can write my name.

2

Yo puedo escribir *mamá*.

mamá

I can write *Mom*.

3

Yo puedo escribir *papá*.

papá

I can write *Dad*.

4

Yo puedo escribir *perro*.

perro

I can write *dog*.

5

Yo puedo escribir *gato*.

gato

I can write *cat*.

6

Y puedo escribir _____.

And I can write _____.

7

❑ Yo puedo leer mi librito.
❑ Yo le puedo leer mi librito
 a mi mamá.
❑ Yo le puedo leer mi librito
 a mi papá.

❑ I can read my book.
❑ I read my book to Mom.
❑ I read my book to Dad.

8

Trabajos manuales

Making Things

Dame el papel.

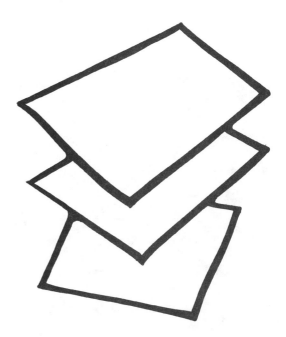

Give me paper.

2

Dame pegamento.

Give me glue.

3

Dame los creyones
y la tijera.

Give me crayons and
scissors, too.

4

Construiré un camión.

I'll make a truck.

5

Construiré un cometa.

I'll make a kite.

6

Construiré un bote.

I'll make a boat that's
blue and white.

7

❑ Yo puedo leer mi librito.
❑ Yo le puedo leer mi librito
  a mi mamá.
❑ Yo le puedo leer mi librito
  a mi papá.

❑ I can read my book.
❑ I read my book to Mom.
❑ I read my book to Dad.

8

Los números

123

My Book of Numbers

Uno
1 One

Dos
2 Two

2

Tres
3 Three

Cuatro
4 Four

3

Cinco
5 Five

Seis
6 Six

4

Siete
7 Seven

Nueve

Ocho
8 Eight

5

9 Nine

6

Diez

10 Ten

7

❑ Yo puedo leer mi librito.
❑ Yo le puedo leer mi librito a mi mamá.
❑ Yo le puedo leer mi librito a mi papá.

❑ I can read my book.
❑ I read my book to Mom.
❑ I read my book to Dad.

8

Hats

Éste es el sombrero de
un bombero.

This is a hat for a fireman.

2

Éste es el sombrero de
un policía.

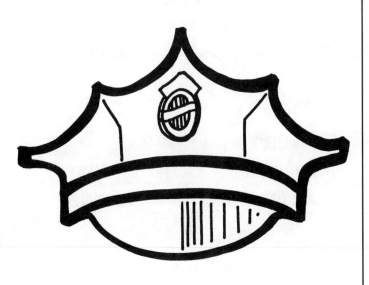

This is a hat for a
police officer.

3

Éste es el sombrero de
alguien que trabaja en
la construcción.

A construction worker
wears a hard hat.

4

115

Éste es el sombrero de
un cocinero.

A baker wears this hat.

5

Éste es el sombrero de
un astronauta.

An astronaut wears a
space helmet.

6

Éste es el sombrero de
un vaquero.

A cowboy wears this hat.

7

❑ Yo puedo leer mi librito.
❑ Yo le puedo leer mi librito
a mi mamá.
❑ Yo le puedo leer mi librito
a mi papá.

❑ I can read my book.
❑ I read my book to Mom.
❑ I read my book to Dad.

8

El tiempo

My Weather Book

El día está soleado.

It is sunny.

2

El día está lluvioso.

It is rainy.

3

El día está nublado.

It is cloudy.

4

El día está ventoso.

It is windy.

5

El día está nevado.

It is snowy.

6

Dibuja el tiempo de hoy.

What is the weather today?
Draw a picture.

7

❑ Yo puedo leer mi librito.
❑ Yo le puedo leer mi librito
   a mi mamá.
❑ Yo le puedo leer mi librito
   a mi papá.

❑ I can read my book.
❑ I read my book to Mom.
❑ I read my book to Dad.

8

La Pascua Florida

Easter

Ya llegaron otra vez los conejillos de peluche y las cestas de huevos de colores.

It's time to get our Easter baskets and stuffed bunnies out of the closet.

2

Hervimos los huevos para después dibujar distintos diseños.

We boil eggs and color designs on them.

3

Usamos tinte para teñir los huevos.

VINAGRE

We use a dyeing kit to dye our Easter eggs.

4

Nos compramos ropa nueva.

We go shopping and buy
some new clothes.

5

Compramos un lirio blanco.

We buy a white lily from
the flower shop.

6

Esperamos que el conejo de
Pascua Florida nos visite en
nuestra casa.

I think about the Easter bunny
coming to my house.

7

❏ Yo puedo leer mi librito.
❏ Yo le puedo leer mi librito
   a mi mamá.
❏ Yo le puedo leer mi librito
   a mi papá.

❏ I can read my book.
❏ I read my book to Mom.
❏ I read my book to Dad.

8

Las frutas

Fruits

Manzana

Apple

2

Plátano

Banana

3

Naranja

Orange

4

Ciruela

Plum

5

Pera

Pear

6

Uvas

Grapes

7

❏ Yo puedo leer mi librito.
❏ Yo le puedo leer mi librito
a mi mamá.
❏ Yo le puedo leer mi librito
a mi papá.

❏ I can read my book.
❏ I read my book to Mom.
❏ I read my book to Dad.

8

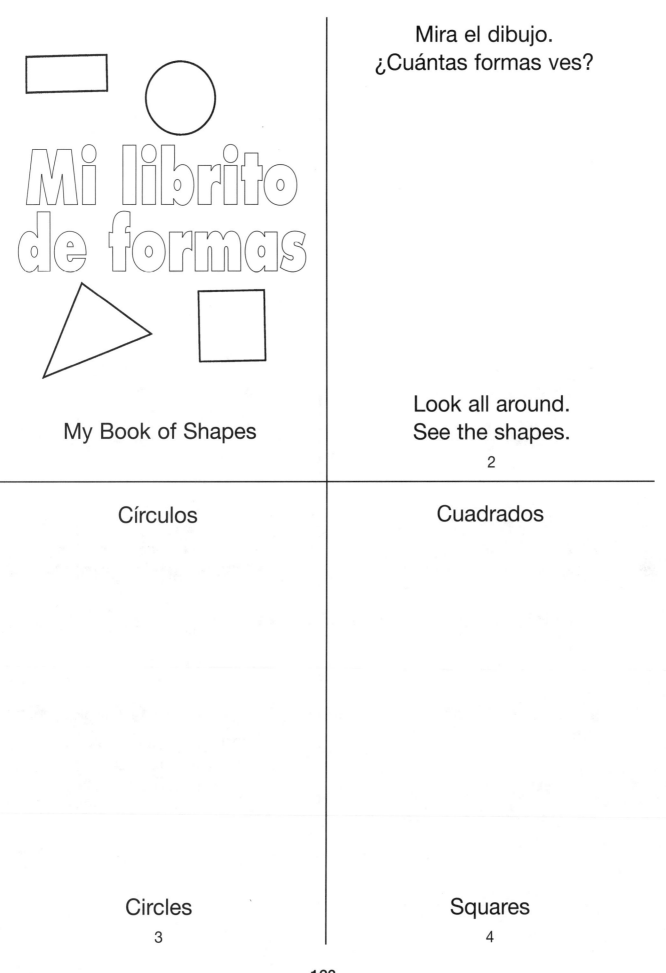

Mi librito
de formas

My Book of Shapes

Mira el dibujo.
¿Cuántas formas ves?

Look all around.
See the shapes.

2

Círculos

Circles

3

Cuadrados

Squares

4

Rectángulos | Triángulos

Rectangles

5

Triangles

6

Óvalos

❏ Yo puedo leer mi librito.
❏ Yo le puedo leer mi librito
   a mi mamá.
❏ Yo le puedo leer mi librito
   a mi papá.

❏ I can read my book.
❏ I read my book to Mom.
❏ I read my book to Dad.

Ovals

7

8

Mis dientes

My Teeth

Yo tengo 20 dientes primarios.

I have 20 primary teeth.

2

Yo cuido los dientes.

I care for my teeth.

3

Yo me cepillo los dientes después de comer.

I brush my teeth after eating.

4

Yo visito al dentista
regularmente.

I visit the dentist.

5

Yo me alimento bien.

I eat the right kinds of food.

6

Me gusta tener una
sonrisa saludable.

I want to have a healthy smile.

7

❏ Yo puedo leer mi librito.
❏ Yo le puedo leer mi librito
a mi mamá.
❏ Yo le puedo leer mi librito
a mi papá.

❏ I can read my book.
❏ I read my book to Mom.
❏ I read my book to Dad.

8

Mis cinco sentidos

My Five Senses

Diez dedos para el tacto.

Ten fingers to feel.

2

Dos ojos para ver.

Two eyes to see.

3

Dos oídos para oír.

Two ears to hear.

4

Una nariz para oler.

One nose to smell.

5

Una lengua para el gusto.

One tongue to taste.

6

¿Cómo puedes saber
qué es esto?

How can you tell what this is?

7

❑ Yo puedo leer mi librito.
❑ Yo le puedo leer mi librito
a mi mamá.
❑ Yo le puedo leer mi librito
a mi papá.

❑ I can read my book.
❑ I read my book to Mom.
❑ I read my book to Dad.

8